Innovaciones
del siglo XIX
Abrir el camino

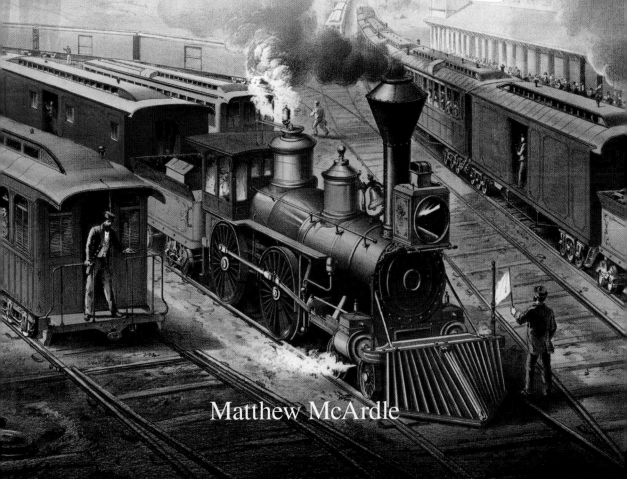

Matthew McArdle

Asesores

Vanessa Ann Gunther, Ph.D.
Departamento de Historia
Universidad Chapman

Nicholas Baker, Ed.D.
Supervisor de currículo e instrucción
Distrito Escolar Colonial, DE

Katie Blomquist, Ed.S.
Escuelas Públicas del Condado de Fairfax

Créditos de publicación

Rachelle Cracchiolo, M.S.Ed., *Editora comercial*
Conni Medina, M.A.Ed., *Redactora jefa*
Emily R. Smith, M.A.Ed., *Realizadora de la serie*
Diana Kenney, M.A.Ed., NBCT, *Directora de contenido*
Caroline Gasca, M.S.Ed., *Editora superior*
Courtney Patterson, *Diseñadora gráfica superior*
Lynette Ordoñez, *Editora*
Sam Morales, M.A., *Editor asociado*
Jill Malcolm, *Diseñadora gráfica básica*

Créditos de imágenes: págs.2, 5, 8 (superior), 14, 23, 24, 25 Sarin Images/Granger, NYC; págs.4, 14, 16, 17 North Wind Picture Archives; págs.7 (superior), 9, 19 Granger, NYC; págs.7 (inferior), 10, 16 New York Public Library Digital Collections; pág.8 (inferior) LOC [LC_HAER-IND-2-NEHA-V-1]; pág.11 LOC [LC-DIG-pga-07482]; págs.15, 20, 21 Peter Newark American Pictures/Bridgeman Images; pág.22 LOC [LC-DIG-ppmsca-38401]; pág.23 LOC [2014636842]; pág.24 Wikimedia Commons/Dominio público; pág.26 LOC [LC-DIG-ds-02423]; págs.26, 32, contraportada SSPL/Getty Images; todas las demás imágenes cortesía de iStock y/o Shutterstock.

Library of Congress Cataloging-in-Publication Data
Names: McArdle, Matthew, author.
Title: Innovaciones del siglo XIX : abrir el camino / Matthew McArdle.
Other titles: 19th century innovations. Spanish
Description: Huntington Beach : 2020. | Audience: Grade 4 to 6 | Summary: "In the 1800s, new inventions swept across the United States. People built grand waterways. Railroads crisscrossed the landscape. Information flowed faster than ever. The 19th century was a time of great change in the growing nation"-- Provided by publisher.
Identifiers: LCCN 2019014778 (print) | LCCN 2019981284 (ebook) | ISBN 9780743913768 (paperback) | ISBN 9780743913775 (ebook)
Subjects: LCSH: Technology--History--19th century--Juvenile literature. | Inventions--History--19th century--Juvenile literature.
Classification: LCC T19 .M3318 2020 (print) | LCC T19 (ebook) | DDC 609/.034--dc23
LC record available at https://lccn.loc.gov/2019014778
LC ebook record available at https://lccn.loc.gov/2019981284

Teacher Created Materials

5301 Oceanus Drive
Huntington Beach, CA 92649-1030
www.tcmpub.com

ISBN 978-0-7439-1376-8

© 2020 Teacher Created Materials, Inc.
Printed in China
Nordica.102019.CA21901929

Contenido

Un siglo de cambios 4

Nuevos caminos por el agua. 6

El camino al Pacífico 12

Caballos de hierro 18

Cambios en el estilo de vida 22

El comienzo de una nueva era. 26

¡Escribe en código! 28

Glosario 30

Índice 31

¡Tu turno! 32

Un siglo de cambios

Es el año 1800. Una niña de 13 años llamada Jane ha encontrado trabajo en una **fábrica** en Boston. Su tarea es hilar algodón durante horas todos los días. Jane usa su salario para mantener a su familia. Mientras vuelve caminando a casa por una calle húmeda, bajo la luz de los faroles, Jane se pregunta cómo cambiará su vida a partir de entonces. El cambio ya había sido enorme cuando se mudó del campo a la ciudad.

Jane no estaba sola. En el siglo XIX, ocurrieron muchos cambios radicales en Estados Unidos. Cada vez más personas se mudaban a las ciudades para trabajar en las fábricas. Muchas de ellas eran mujeres. Algunas ganaban dinero por primera vez. Se producían más bienes y mejoraba la **economía**. Los muebles, las herramientas agrícolas y otros artículos se fabricaban más rápido que nunca. Los inventos, los descubrimientos y las nuevas ideas transformaban la vida de personas como Jane.

LA PRIMERA FÁBRICA

★ ★ ★ ★

Samuel Slater instaló una de las primeras fábricas de Estados Unidos. Abrió una planta en Rhode Island en 1790. Los trabajadores convertían las fibras de algodón en tela. Al poco tiempo, las fábricas se esparcieron por todo el Noreste.

Boston, Massachusetts, a principios del siglo XIX

Nuevos caminos por el agua

Alrededor de 1800, muchos estadounidenses querían comenzar una nueva vida. En el Oeste, había grandes extensiones de tierra para dedicarse a la agricultura. También había mucho más espacio para que viviera una familia.

En los valles de los ríos Ohio y Tennessee había muchos terrenos disponibles. Pero los colonos tenían que cruzar los montes Apalaches para llegar hasta allí. Atravesar esas montañas no era fácil. Muchas de ellas tenían miles de pies de altura. El viaje era largo y peligroso. Cadwallader Colden propuso excavar un **canal**. Los canales son vías navegables construidas por el ser humano. Permiten que los barcos naveguen cuando los ríos no tienen la profundidad suficiente. Un canal era la manera más fácil y rápida de atravesar las montañas.

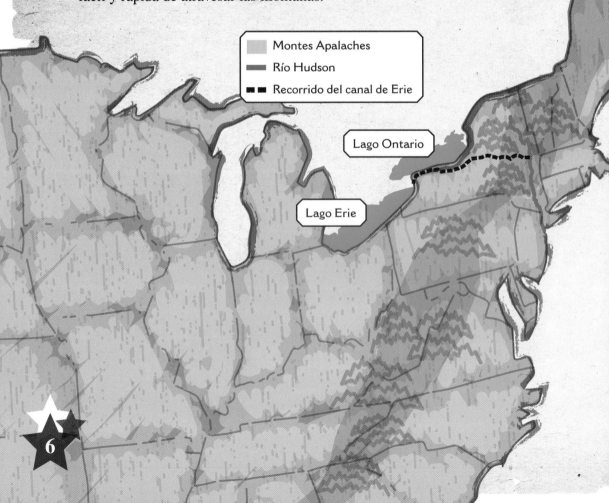

Montes Apalaches
Río Hudson
Recorrido del canal de Erie

Lago Ontario

Lago Erie

el canal de Erie en 1838

Colden era **agrimensor**. La primera vez que propuso la idea del canal fue en 1724. Colden quería construir un canal para conectar el río Hudson en Nueva York con el lago Erie hacia el oeste. El canal ayudaría a los colonos a atravesar el difícil terreno. Colden también pensaba que el canal aumentaría el comercio entre los indígenas y los colonos del Oeste. La idea ganó apoyo a medida que aumentaba la cantidad de personas que se trasladaban al Oeste. En poco tiempo, se construiría el canal de Erie.

EL PADRE DEL SISTEMA DE CANALES

★★★★

Cadwallader Colden construyó el primer canal en Estados Unidos cerca de Montgomery, Nueva York. Pero lamentablemente, no llegó a ver finalizadas las obras del canal de Erie. Murió en 1776.

Esta pintura del canal de Erie de 1846 muestra las 10 esclusas finalizadas.

SISTEMA DE ESCLUSAS

★★★★★

Antes de atravesar una esclusa, los barcos quedaban estacionados entre dos compuertas cerradas. Se llenaba la esclusa con agua hasta alcanzar el nivel del agua del siguiente tramo. Entonces, se abría la compuerta delantera y el barco continuaba su recorrido.

Un barco atraviesa la esclusa de un canal.

La construcción comenzó en 1817. El trabajo era agotador. Los trabajadores talaban bosques y trasladaban tierra. Las jornadas eran largas y los salarios, muy bajos. Muchos trabajadores contrajeron malaria al ser picados por mosquitos que tenían la enfermedad. En esa época, la malaria era una enfermedad mortal a la que llamaban *fiebre del pantano*.

El lago Erie estaba más de 500 pies (152 metros) por encima del río Hudson. Los trabajadores debían lograr que los barcos navegaran a través de las diferentes alturas del terreno. Construyeron **esclusas** que podían subir y bajar los barcos en ciertos puntos a lo largo del canal. También tuvieron que construir puentes para que el canal pasara a través de ríos y colinas. Después de 363 millas (584 kilómetros) de excavación, el canal se terminó de construir en 1825.

El canal de Erie fue un gran éxito. Como resultado, se construyeron más canales. La posibilidad de transportar mercancías por estas vías navegables transformó el comercio y el transporte en todo el país. Algunos pueblos, como Rochester y Buffalo, se convirtieron en animadas ciudades. En 1840, la ciudad de Nueva York era el **puerto** más importante de la nación. La actividad comercial florecía. Por esos canales, empezaron a navegar cada vez más barcos que transportaban tanto pasajeros como bienes.

LA BODA DE LAS AGUAS

DeWitt Clinton, gobernador de Nueva York entre 1811 y 1813, viajó en el primer barco que navegó todo el trayecto del canal de Erie. Clinton vertió agua del lago Erie en el océano Atlántico. Ese suceso se llamó la "boda de las aguas".

9

Se usaban muchos tipos de embarcaciones a principios del siglo XIX. Los indígenas y los cazadores de pieles remaban en canoas por los arroyos. Se usaban **barcazas**, o lanchones, para transportar pasajeros y carga. Era muy común ver esas embarcaciones en lagos y ríos. Las personas usaban velas, remos y varas largas para impulsar las barcazas. Los caballos remolcaban otros tipos de embarcaciones desde los caminos que se extendían junto a los canales.

En 1807, Robert Fulton construyó el primer **barco de vapor** comercial. Este nuevo tipo de barco aprovechaba la energía del vapor para navegar. Los barcos de vapor podían avanzar fácilmente contra la corriente. Ya no era necesario recurrir a caballos ni a remos o depender del viento para la navegación.

el Clermont, el barco de vapor de Robert Fulton

Robert Fulton

En la década de 1830, los barcos de vapor estaban en todas partes. Transportaban pasajeros a lo largo de la costa del Atlántico. Recorrían el canal de Erie y los Grandes Lagos. Navegaban por los caudalosos ríos Misisipi y Ohio. Los barcos de vapor transportaban el algodón del Sur y los productos de las fábricas del Norte. Nueva Orleans se convirtió en un importante centro comercial. A medida que las vías navegables de la nación se transformaban, también lo hacían otros medios de transporte.

¿CÓMO FUNCIONA UN MOTOR DE VAPOR?

Para que un motor de vapor funcione, hay que quemar carbón. El carbón encendido hace hervir el agua que está en un tanque, en el que se forma vapor. La fuerza del vapor impulsa un pistón que hace girar una rueda de paletas, y esa rueda a su vez impulsa el barco hacia adelante.

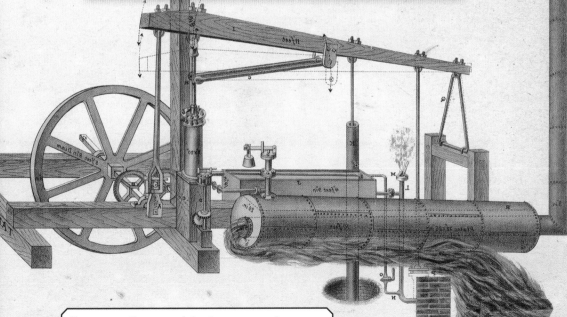

Este es un diagrama del primer motor de vapor diseñado y construido en Estados Unidos en 1801.

El camino al Pacífico

El presidente Thomas Jefferson duplicó el tamaño del país en 1803. Ese fue el año en que Estados Unidos compró el Territorio de Luisiana a Francia. La nación se extendía ahora hasta las Montañas Rocosas. Los colonos se trasladaron al Oeste para dedicarse a la agricultura. Pero, para muchas personas, eso no era suficiente. Creían que la nación debía llegar hasta el océano Pacífico. Esta idea se llamó **destino manifiesto**.

La idea del destino manifiesto fue una de las razones por las que Estados Unidos entró en guerra con México en 1846. Los colonos de Texas se habían separado del gobierno mexicano y habían pasado a formar parte de Estados Unidos. Pero las dos naciones no se ponían de acuerdo sobre la ubicación del límite con México. Estados Unidos ganó la guerra. Como resultado, México retiró su reclamo sobre Texas y entregó aún más tierras a cambio de un pago de 15 millones de dólares. El nuevo territorio se extendía hasta California.

ESTA TIERRA ES NUESTRA

Muchos colonos se apoderaron de tierras que pertenecían a los mexicanos. Estados Unidos acordó proteger a los mexicanos que vivían en el Oeste después de la guerra. Pero los colonos muchas veces desobedecían esta ley. Muchos mexicanos perdieron todo.

Fuerzas mexicanas y estadounidenses se enfrentan en una batalla en 1847.

En esta época, la nación también adquirió territorio en el Noroeste: el Territorio de Oregón. De pronto, el país era enorme. La nación logró lo que quería. Se extendía hasta el océano Pacífico. Todas esas tierras ofrecían más lugares para vivir. Miles de colonos viajaron hacia el Oeste para establecerse allí. No tardarían en llegar una serie de **innovaciones**.

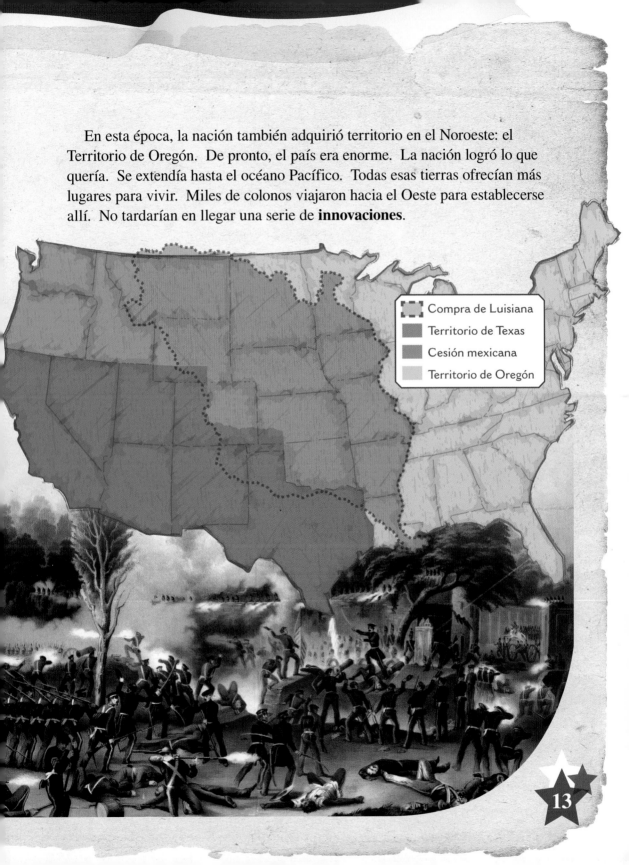

Compra de Luisiana
Territorio de Texas
Cesión mexicana
Territorio de Oregón

La gente viajaba hacia el Oeste por muchas razones. Millones de acres de tierras estaban disponibles. La caza y la pesca eran abundantes. Se descubrió oro en California en 1848. Once años después, se descubrió plata en Nevada. El Oeste se convirtió en un lugar donde era posible enriquecerse rápidamente. Miles de trabajadores fabriles pobres, incluidos mujeres y niños, vivían en las ciudades del Este. Trabajaban largas jornadas por salarios muy bajos. Para ellos, la **frontera** era una tierra de oportunidades.

ESTAMOS DE PASO ★★★★

James Beckwourth era cazador de pieles y guía de frontera en el Oeste. Encontró un nuevo camino para cruzar las montañas de la Sierra Nevada. El paso Beckwourth permitió que el viaje a California fuera mucho más fácil para miles de colonos.

Mineros buscan oro y plata en California.

Pioneros se dirigen al Oeste en una caravana de carretas.

Algunas personas viajaban hacia el Oeste en barco. Esos barcos zarpaban desde la Costa Este y cruzaban al Pacífico por el extremo de América del Sur. Luego, subían bordeando la costa del Pacífico. El viaje podía durar un año entero. La mayoría de las personas viajaban hacia el Oeste en carretas cubiertas tiradas por caballos o bueyes. Este viaje llevaba de cuatro a seis meses. Los colonos salían de Misuri por caminos que se extendían hasta Oregón y California. Solían partir en grupos llamados **caravanas de carretas**.

A medida que la nación avanzaba hacia el Oeste, los colonos quedaban separados de sus familias por cientos o miles de millas. Como el viaje era muy lento, fue necesario inventar nuevas formas de comunicarse a través de grandes distancias.

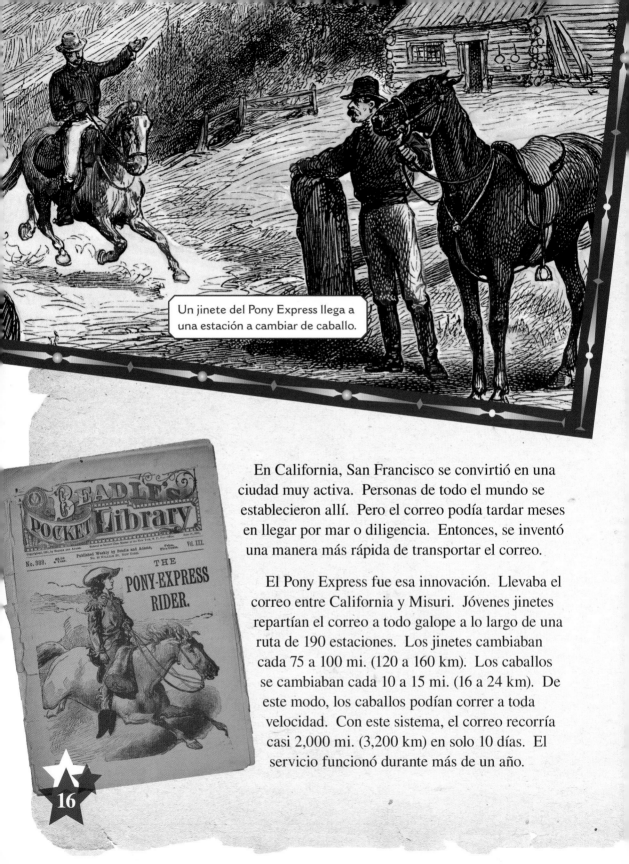

Un jinete del Pony Express llega a una estación a cambiar de caballo.

En California, San Francisco se convirtió en una ciudad muy activa. Personas de todo el mundo se establecieron allí. Pero el correo podía tardar meses en llegar por mar o diligencia. Entonces, se inventó una manera más rápida de transportar el correo.

El Pony Express fue esa innovación. Llevaba el correo entre California y Misuri. Jóvenes jinetes repartían el correo a todo galope a lo largo de una ruta de 190 estaciones. Los jinetes cambiaban cada 75 a 100 mi. (120 a 160 km). Los caballos se cambiaban cada 10 a 15 mi. (16 a 24 km). De este modo, los caballos podían correr a toda velocidad. Con este sistema, el correo recorría casi 2,000 mi. (3,200 km) en solo 10 días. El servicio funcionó durante más de un año.

En 1844, Samuel Morse desarrolló un nuevo **telégrafo**. Usaba la electricidad para enviar mensajes llamados telegramas. Los cables llevaban esos mensajes a través de largas distancias. Para enviar los telegramas, Morse usó puntos y rayas que representaban las letras. La gente lo llamó *código morse*. El remitente enviaba el mensaje en código morse. El receptor escuchaba y transformaba los puntos y rayas de nuevo en letras. La primera línea telegráfica que se extendió por todo el país se construyó en 1861. El envío de mensajes se había vuelto muy rápido. A causa de ello, el Pony Express cerró.

Samuel Morse

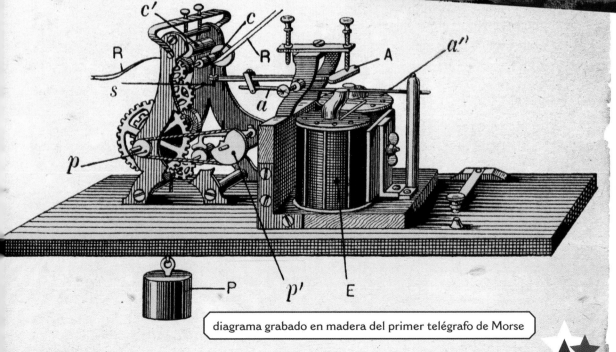

diagrama grabado en madera del primer telégrafo de Morse

Caballos de hierro

Con el paso de los años, surgieron otras innovaciones. Había que encontrar una mejor manera de transportar los bienes y cultivos que se producían en todo el país. Los canales eran caros y difíciles de construir. Las carretas eran demasiado lentas. Otro invento pronto hizo su entrada traqueteando a toda máquina. El ferrocarril se convirtió en uno de los logros más importantes de su época.

Se usaron caballos para tirar de los primeros trenes sobre las vías de acero. En 1825, John Stevens inventó un tren impulsado por vapor. El primer tren de vapor para pasajeros de la nación, impulsado por una **locomotora**, partió en 1831. Las locomotoras empezaron a formar parte del paisaje de la nación. Se las llamaba *caballos de hierro*. Se construyeron vías por todo el país, que llegaron hasta el límite de la frontera.

locomotora de 1861

carrera sobre las vías entre un tren y un coche tirado por caballos

El ferrocarril cumplió un papel fundamental durante la guerra de Secesión. El amplio sistema ferroviario permitió al Norte trasladar rápidamente suministros y tropas. El Sur tenía menos líneas ferroviarias. No podía competir, y eso le daba una gran ventaja al Norte.

En 1862, el presidente Abraham Lincoln firmó una ley que transformó el país. La ley disponía que dos compañías construyeran un ferrocarril **transcontinental**. Una de las compañías construiría hacia el oeste desde el río Misuri. La otra, hacia el este desde California.

TRENES EXPLOSIVOS

★★★★★

Las primeras locomotoras tenían graves problemas de seguridad. A veces producían chispas, descarrilaban o hasta explotaban. Los nuevos diseños de los trenes incorporaron faros delanteros y mejores chimeneas.

Las obras empezaron en 1863, en plena guerra de Secesión. Era difícil conseguir trabajadores. Cuando terminó la guerra, los exsoldados se dirigieron hacia el Oeste en busca de trabajo. Lo mismo hicieron los afroamericanos recién liberados. Las compañías ferroviarias los contrataron. En California, **inmigrantes** chinos, alemanes e irlandeses se unieron a las cuadrillas ferroviarias. Construir los ferrocarriles fue un trabajo en equipo.

Colocan el clavo de oro en la vía.

POLÍTICA VERGONZOSA

Los inmigrantes chinos ayudaron a construir el ferrocarril transcontinental. Había quienes los culpaban de quedarse con los puestos de trabajo. Por lo tanto, en 1882, el gobierno estableció que los inmigrantes chinos ya no podían entrar en Estados Unidos. Pasaron muchos años antes de que se modificara esa ley.

El trabajo era peligroso. Los trabajadores construían puentes sobre ríos y rellenaban cañones profundos. Colocaban explosivos en la roca sólida para excavar túneles en las montañas. Muchas personas murieron durante las obras. Al fin, en 1869, las vías finalmente se unieron en Utah. Se colocó un clavo de oro en la vía para celebrar el acontecimiento.

Menos de una semana después de que se terminó de construir el nuevo ferrocarril, se inauguró el servicio de pasajeros. Viajar a través del país llevaba ahora unos pocos días. En carreta, el viaje duraba meses. Las mercancías se podían transportar fácilmente desde el Este a cualquier lugar de la frontera. Las cosechas del Oeste se enviaban al Este. En la década de 1880, los viajeros ya podían elegir entre varias líneas de ferrocarril. En 1890, se habían establecido tantas personas en el Oeste que el gobierno comunicó que la frontera ya no existía.

Cambios en el estilo de vida

Los inventos seguían mejorando la vida. El estilo de vida estadounidense estaba cambiando.

Richard March Hoe construyó una imprenta más rápida en 1847. Podía imprimir periódicos a una velocidad de 8,000 páginas por hora. Hoe siguió mejorando su imprenta. En 1870, ya imprimía 18,000 páginas de dos caras por hora. Eso hizo que imprimir fuera más barato y más rápido. Se imprimían periódicos en las ciudades de todo el país.

Elisha Graves Otis inventó un freno de seguridad para elevadores en 1852. Gracias a su invento, se podía subir y bajar en edificios altos de manera segura. Esto dio lugar a la construcción de enormes edificios con estructura de acero. El edificio Home Insurance de Chicago fue el primer rascacielos de la nación. Alcanzó una altura de 138 pies (42 m), y tenía 10 pisos.

Cuando el marido de Josephine Cochrane murió en 1883, ella quedó en bancarrota. Pobre y sola, Cochrane fabricó el primer lavavajillas. Pero el invento no lograba destacarse. Luego, en 1893, ganó el primer premio en una exposición. Poco tiempo después, los lavavajillas estuvieron en muchos hogares y hoteles.

el edificio Home Insurance de Chicago, terminado en 1885

una demostración de la imprenta de Hoe en 1876

SE ABRE EL CAMINO

★ ★ ★

En 1790, las mujeres obtuvieron el derecho de solicitar **patentes**. Pero, como las mujeres aún no podían tener propiedades a su nombre en la mayoría de los estados, a muchas les parecía que no valía la pena presentar solicitudes. El 5 de mayo de 1809, Mary Kies cambió ese estado de cosas. Se convirtió en la primera mujer estadounidense que presentó un pedido de patente para su método de entretejido de paja y seda para la confección de sombreros.

Mary Kies

Alexander Graham Bell hace la primera llamada telefónica de larga distancia el 18 de octubre de 1892.

En 1876, Alexander Graham Bell inventó el teléfono. Esto cambió para siempre la manera de comunicarse. Un dispositivo en uno de los extremos de la línea transformaba el sonido de la voz en señales eléctricas. Esas señales pasaban a través de un cable. En el otro extremo de la línea, las señales se transformaban de nuevo en sonidos. En poco tiempo, las líneas telefónicas se extendieron por todo el país. Era posible escuchar las voces de los demás a cientos de millas de distancia.

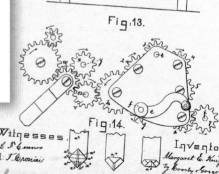

M. E. KNIGHT.
Paper-Bag Machine.
No. 220,925.
6 Sheets—Sheet
Patented Oct. 28, 1879.

Fig. 4.

Fig. 13.

Fig. 14.

Witnesses.

Inventor.

UN JUSTO RECONOCIMIENTO

★ ★ ★ ★

En 1868, Margaret Knight inventó una máquina que fabricaba bolsas de fondo cuadrangular. Al solicitar la patente, se enteró de que un inventor rival le había robado la idea y había solicitado una patente. Knight lo demandó y ganó. A lo largo de su vida, le otorgarían 26 patentes más.

patente de la máquina de Knight para hacer bolsas de papel

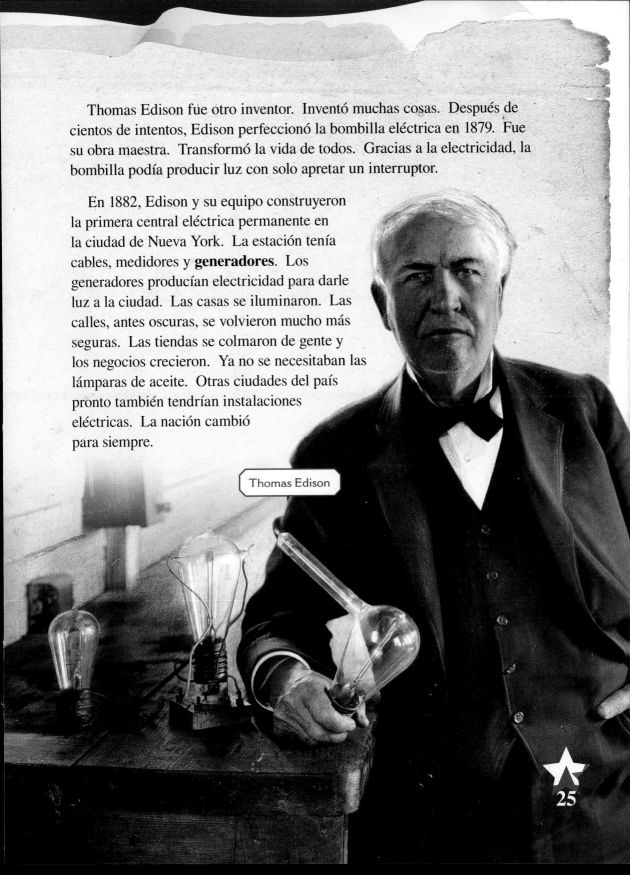

Thomas Edison fue otro inventor. Inventó muchas cosas. Después de cientos de intentos, Edison perfeccionó la bombilla eléctrica en 1879. Fue su obra maestra. Transformó la vida de todos. Gracias a la electricidad, la bombilla podía producir luz con solo apretar un interruptor.

En 1882, Edison y su equipo construyeron la primera central eléctrica permanente en la ciudad de Nueva York. La estación tenía cables, medidores y **generadores**. Los generadores producían electricidad para darle luz a la ciudad. Las casas se iluminaron. Las calles, antes oscuras, se volvieron mucho más seguras. Las tiendas se colmaron de gente y los negocios crecieron. Ya no se necesitaban las lámparas de aceite. Otras ciudades del país pronto también tendrían instalaciones eléctricas. La nación cambió para siempre.

Thomas Edison

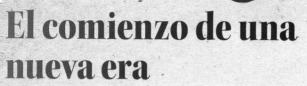

El comienzo de una nueva era

Ahora estamos en el año 1900. Han pasado apenas 100 años desde que una joven llamada Jane llegó a Boston. Sobre sus antiguos pasos camina un niño de 13 años llamado Henry. Está en Boston por primera vez. Las luces brillan por todas partes a su alrededor. Enormes edificios se asoman en lo alto. Sube en un elevador hasta el último piso de uno de ellos y contempla la ciudad. Ve casas y otros edificios que se pierden en el horizonte. Henry recuerda a su bisabuela Jane y se pregunta si ella habrá sentido la misma emoción que él.

Estados Unidos se aseguró su lugar como potencia mundial. El país era más poderoso que nunca. El espíritu de innovación que ayudó a la nación a florecer continuó creciendo. Los próximos cien años traerían aún más cambios. El optimismo que había inspirado a colonos, inventores, escritores y otros a luchar por una vida mejor seguía más vigente que nunca. El sueño americano había llegado para quedarse.

la plaza Copley, en Boston, Massachusetts, a principio del siglo XX

Boston, Massachusetts, a fines del siglo XIX

¡Escribe en código!

El código morse transformó la manera en que los mensajes se enviaban en la frontera. Los telégrafos hicieron que las comunicaciones fueran más rápidas que nunca.

Imagina que eres un colono del siglo XIX que acaba de llegar a California. Escribe un telegrama breve a tu familia, que vive en el Este, en el que describas tu viaje. Escribe tu carta en código morse. Asegúrate de dejar bastante espacio entre las palabras. Cuando hayas terminado, intercambia tu carta con un compañero. Luego, cada uno decodificará la carta que escribió el otro.

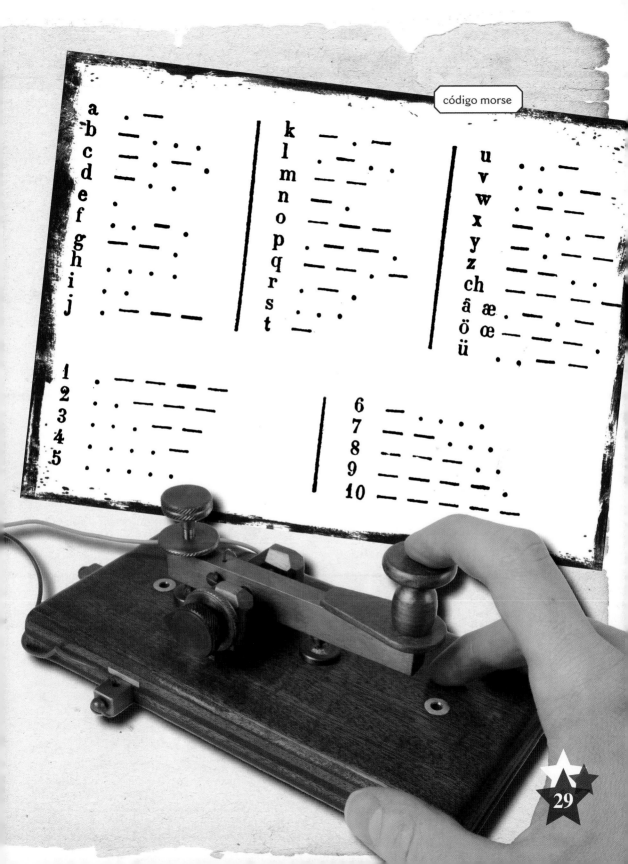

código morse

Glosario

agrimensor: alguien que mide e inspecciona tierras

barcazas: embarcaciones grandes, de fondo plano, que transportan por agua bienes y pasajeros

barco de vapor: una embarcación con motor de vapor

canal: una vía navegable que se excava en la tierra para el transporte de bienes y personas

caravanas de carretas: grupos de carretas que viajaban por tierra en fila a lugares lejanos

destino manifiesto: la idea de que Estados Unidos tenía derecho a extender sus fronteras hasta el océano Pacífico

economía: el sistema de compra y venta de bienes y servicios

esclusas: áreas de un canal que se usan para subir o bajar las embarcaciones mediante compuertas que controlan el flujo de agua

fábrica: un establecimiento donde se elaboran productos

frontera: en el Oeste de Estados Unidos, un área donde viven pocas personas

generadores: máquinas que producen energía eléctrica

inmigrantes: personas que llegan a un país para quedarse a vivir allí

innovaciones: ideas, inventos, descubrimientos o procesos nuevos

locomotora: una máquina impulsada por vapor que arrastra los vagones de un tren

patentes: documentos que dan a una persona o una compañía el derecho exclusivo de producir o vender un producto determinado

puerto: un lugar en la costa o en las orillas de un río donde los barcos cargan y descargan bienes

telégrafo: un antiguo sistema que permitía transmitir mensajes a distancia utilizando cables y señales eléctricas

transcontinental: que cruza un continente

Índice

afroamericanos, 20

Beckwourth, James, 14

Bell, Alexander Graham, 24

Clinton, DeWitt, 9

Cochrane, Josephine, 22

Colden, Cadwallader, 6–7

Edison, Thomas, 25

Fulton, Robert, 10

Hoe, Richard March, 22

indígenas, 7, 10

inmigrantes alemanes, 20

inmigrantes chinos, 20–21

inmigrantes irlandeses, 20

Jefferson, Thomas, 12

Kies, Mary, 23

Knight, Margaret, 24

Lincoln, Abraham, 19

México, 12

Morse, Samuel, 17

Otis, Elisha Graves, 22

Pony Express, 16 –17

Slater, Samuel, 4

Stevens, John, 18

sueño americano, 26

¡Tu turno!

Grandes innovaciones

Hubo muchas innovaciones en el siglo XIX que transformaron la vida de las personas. ¿Qué innovación o invento piensas que fue el más importante? Crea un anuncio para publicitarlo. Incluye texto e imágenes para convencer al público del siglo XIX de que debe comprar o usar ese invento o esa innovación.